格斗图解系列

以色列格斗术
——擒拿与解脱

《格斗图解系列》编写组 编

化学工业出版社
·北京·

特种部队一直都是军队中的绝对精锐，以色列格斗术又称马伽术，是以色列特种部队的格斗训练体系，是美国FBI的必修课，也是格斗界公认的集实用、全面、易学、易练于一身的优秀综合防卫技术。

《格斗图解系列》图书中的《以色列格斗术——徒手格斗》《以色列格斗术——器械格斗》《以色列格斗术——擒拿与解脱》，通过3000余张真人实拍动作分解演示，详尽讲解了以色列格斗术中的徒手格斗技法，使用军警器械和日常用品的格斗技法，进攻、投摔、防守反击等解脱与擒拿技法，使学习者能够迅速掌握360度制敌与防御的要诀。

《以色列格斗术——徒手格斗》《以色列格斗术——器械格斗》《以色列格斗术——擒拿与解脱》从不同实战应用场景出发，内容编排以培养学习者综合齐备的素质、形成勇往直前的拼杀气概、遵循实用至上的训练原则为准绳，为格斗术爱好者以及自卫、防身、防暴的人群呈现了以色列格斗的精髓。

图书在版编目（CIP）数据

以色列格斗术．擒拿与解脱/《格斗图解系列》编写组编．

北京：化学工业出版社，2018.6（2023.8 重印）

ISBN 978-7-122-32060-5

Ⅰ.①以… Ⅱ.①格… Ⅲ.①格斗–基本知识–以色列

Ⅳ.①G85

中国版本图书馆CIP数据核字（2018）第082282号

责任编辑：宋 薇 装帧设计：张 辉
责任校对：边 涛

出版发行：化学工业出版社（北京市东城区青年湖南街13号 邮政编码100011）
印 装：北京虎彩文化传播有限公司
710mm×1000mm 1/16 印张10¼ 字数184千字 2023年8月北京第1版第4次印刷

购书咨询：010-64518888 售后服务：010-64518899
网 址：http://www.cip.com.cn
凡购买本书，如有缺损质量问题，本社销售中心负责调换。

定 价：59.80元 版权所有 违者必究

Contents 目录

基础知识

一、以色列特种部队简介

以色列军队的军语里原本没有"特种部队"这个词，所有执行特种作战和侦察任务的部队都统称为"萨耶雷特"（Sayeret）。在希伯来文中，Sayeret有侦察队或巡逻队的意思。在以色列军队里，这个词泛指一切从事侦察、巡逻、搜索等任务的部队，而且已经具有"经过选拔的精锐部队"的引申含义了。一般行内人士就笼统称之为"侦察队"或"特种部队"，因为他们通常担负其他部队难以完成的与战略、战役胜败攸关的任务，主要用于打击敌指挥机关、通信控制中心、兵器弹药库、经济和工业中心、能源和后方基地等目标。

随着国际形势的变化，特种部队更多地被用于反恐怖、打击走私、缉毒、维护国内治安等非战争行动。在世界各国普遍减少军队总员额的情况下，转而又不断地加强特种部队的建设。尽管各国特种部队在规模、使用上有所不同，但是从各国特种部队的编制、人员、装备和训练等方面的情况分析来看，各国特种部队以及以色列特种部队普遍具有编制灵活、人员精干、装备优良、训练严格等一些共性的特点。

（一）发展与任务

以色列于1952年因战事需求开始着手组建了自己的特种作战部队，兵力都是从陆军中精心挑选出来的、具有特殊技能的50名训练尖子，然后将这支新成立的部队命名为以色列第101部队。之后，以色列陆续又建立了多支特种部队。

以这支部队为原形，到了1954年，以色列考虑战争和应付国内突发事件，制止内乱的需要，决定将第101部队与伞兵旅合并，改为第202伞兵旅。该旅主要由旅部和4个营以及其他支援部队编成。

1967年，在第三次中东战争中，第202伞兵旅又改称第55伞兵旅。

1960年以后，以色列使用特种部队作战颇为频繁，由应急作战转换为执行反恐怖任务。

1976年7月以色列特种作战部队突袭非洲乌干达恩德培国际机场行动可以说是规模最大、影响最深远的一次，这次战斗在以军作战史上占有重要位置，同时也可以称得上是世界反恐怖作战史上的一个创举，它向世人展示了以色列特种部队高超的反恐怖作战艺术和能力。

2003年12月，随着伊拉克局势日益复杂，美军只能求助以色列方面，帮助其应对越来越多的自杀性爆炸，并在伊拉克街巷战中向以色列苦学作战技巧。一些美国海军陆战队士兵甚至跟随以色列士兵一起在约旦河西岸城市进行扫荡和围剿。

时至今日，随着现代特种作战的不断演进，以色列特种作战部队作为一个特殊的兵种，是一般任务部队的加强和补充，它在应付突发事件、敌后侦察、实施心理战、特工破坏、反恐怖等方面发挥着重大的作用。

（二）组成与训练

1. 以色列陆军特种部队组成

步兵队属侦察兵，以色列以军队步兵的特种分队是4个旅属远程侦察连。即戈兰旅侦察连（Sayeret Golany，正式番号为第95侦察连）、吉瓦提旅侦察连（Sayeret Givaty，第435侦察连）、纳哈尔旅侦察连（Sayeret Nahal，第374侦察连）和伞兵旅侦察连（Sayeret T' zanhanim，正式番号不详）。这四个连并不是单纯的步兵侦察分队，而是更接近于美陆军别动队或轻步兵的精锐突击队。这四个连都接受过反恐怖作战训练，可以用于执行特种作战任务。其中戈兰旅侦察连和伞兵旅侦察连就多次执行过特种作战任务。

装甲兵队属侦察兵，以色列军队装甲兵尽管是陆军中最大的兵种，但仅有两个旅属侦察连，即第7旅侦察连（Sayeret Shirion 7）和第500旅侦察连（Sayeret Shirion 500）。这两个连是纯粹的远程侦察分队，不接受反恐怖作战训练，也不担负特种作战任务。

炮兵特种部队，以色列炮兵有两支兵种直属特种反坦克导弹部队，即莫莱部队（Unit Moran）和琴弦部队（Unit Meitar）。这两支部队被以军视为特种部队，其训练中也包括空降、越野驾驶等一部分特种部队训练的内容，但与通常所指的特种部队还是有相当区别的。

战斗工兵特种部队，以色列军队的战斗工兵设有工兵特种作战司令部，下辖两支接受过远程侦察训练的工兵特种部队，即精于工兵爆破的雅埃尔侦察队（Sayeret Yael）——现翻译为"山羊"侦察队和负责爆炸物排除的"雅赫萨普"部队（Unit Yachsap，Yachsap为希伯来语"爆炸物排除部队"的缩写）。

情报部队，情报部队是以色列军队的一个兵种，隶属总参情报部，这个兵种共有3支特种侦察部队，即总参侦察营（Sayeret Matkal，番号为262部队）、目标情报部队（简称YACHMAM）和特种侦察队（简称T' ZASAM）。其中总参侦察营是以军最主要的特种部队，其使命包括特种侦察、非常规作战和反恐怖人质营救作战三大任务。目标情报部队驻戈兰高地，平时担负以色列北部边境地区的边境观察任务，战时配属给以军炮兵作为兵种远程侦察部队，负责在敌后为炮兵部队搜索目标。特种侦察队是以军边境目视观察部队中一支受过特种作战训练的分队，专门用于对敌后目标进行抵近目视侦察。1999年，这3支部队隶属于新设立的野战侦察司令部。

以色列陆军另外还有几支用于执行特殊任务的特种部队，分别是：胡桃侦察营（Sayeret Egoz，以军在南黎巴嫩的反游击战部队，隶属戈兰旅），樱桃侦察队（Sayeret Duvedevan，番号为217部队，部署于中部军区的反恐怖突击队），朱鹭侦察队（Sayeret Maglan，番号为212部队，是一支接受过特种作战训练的独立反坦克导弹部队），棘刺部队（Unit Oket' z，番号为7142部队，是一支特种军犬部队），高山部队（Unit Alpinistim，部署于北部军区的预备役高寒山地部队），金雀花部队（Unit Rotem，部署于以色列南部以埃边境的一支预备役特种边境巡逻部队），100部队（负责防止在押恐怖分子等危险犯人暴乱的宪兵特种部队）。除胡桃侦察营以外，其他几支均为独立部队，由以军总部直接指挥。

2. 以色列特种部队训练

以色列特种部队以其严格的训练而闻名于世。其高难的训练被称为"地狱磨炼"。特种部队训练分为基础训练、专业训练和战前模拟训练三大类。

基础训练的目的是全面培养每一个士兵作为特种部队中的一员所需要的基本能力。包括徒手自卫术、野战生存能力、登山、武装泅渡、长途奔跑、轻武器射击等。训练时以3人为1组，训练项目从各种单兵技术到参加各级规模的战术学习，可以说无所不包，无所不有。如：熟练掌握各种武器装备的使用技术，精通空手道、柔道、拳击等徒手格斗技术，学会爆破技术和沙漠地区生存技能。与此同时，针对中东地区多山地、沙漠的特点，以色列特种部队非常重视山地战、沙漠战、巷战、夜战等特种战术的训练。训练强度很高，如在1000米的障碍场，设置了岩壁、洞穴、雷区、沼泽、防空地带、尸体区等近百种障碍和险情，都完全真实展现在眼前，几近摧残的极限。其强度和难度，是任何没有亲眼目睹的人所无法想到的，即使是英国的"哥曼德"特种部队和美国的"绿色贝雷帽"特种部队的同行们也大跌眼镜。在射击训练中，每一名参训者必须会使用各种枪支，进行实弹射击，从出枪到第一发子弹命中，绝对不允许超过1秒钟，如超过即使是命中也是零分，只有射击成绩一直保持优秀者，才有可能成为狙击手。从训练的内容、时间、标准等方面来说，都大大超过其他兵种。

专业训练是各种专门技术和技能的训练。如：要求驾驶兵处于精神高度紧张状态下练习在复杂条件下驾驶各种车辆；狙击手使用各种枪支进行实弹射击，从出枪第一发子弹命中目标，全部时间限制在1秒钟之内；空降突击队员全副武装从离地50米高处的直升（身）机上沿索而下，要在25秒内到达地面；突击队员的攻击训练必须达到这样的水平；当他们从各自的位置上向打开的机舱门外进行无依托射击时，命中率不得低于85%。此外还有其独特的技巧训练和思想训练等内容：技巧训练主要是训练队员在复杂艰难的环境中，在敌强我弱的环境下，快速敏捷的处理问题，机智灵巧的摆脱对方的追踪；思想训练主要是训练队员有较强的记忆力、敏锐的思维力和在喧闹嘈杂环境中保持头脑冷静的能力。如：训练时，受训队员被集中在一个电影放映室里，一边听高音喇叭放出的立体声音乐，一边饮着咖啡观看影片。突然放映中断，这时队员必须把刚才在影片中所见到的情景重述出来，如举出桌上陈列着的10件东西或说出文件、卡片的颜色、形状等，并且还要在许多支乐曲中，分辨出刚才听到的立体声乐曲等。

战前模拟演练主要是培养特种部队官兵在各种复杂条件下临机处事的应变能力。其具体做法是：凡有重大作战行动前，都进行酷似实战的模拟演习。他们根据执行任务的地区、行动目标、任务要求等有关情况，在特定地点设置实体模型，参战人员在模拟实体中进行反反复复的演练，直到战术、技术动作十分纯熟为止，哪怕时间非常紧迫，也要进行模拟训练，有时甚至一边制订作战计划，一边演练。这种训练方法在实战中收到了良好的效果。例如突击乌干达恩德培机场一战，在实施这次代号为"雷电行动"的突袭作战之前，以色列特种部队就在某地设置了恩德培机场的实体模型，让参战人员在实体模型中演练。

二、以色列特种部队格斗训练

以色列特种部队的格斗训练基本上以本民族的传统格斗术 KRAV MAGA 为主，是一种非常强悍、实用、凶狠的格斗术体系，该格斗术可以帮助练习者在给对手制造最大的痛苦和伤害之后快速撤离。该拳法讲究：快速制服对手，防止受伤，尽快从防守转为进攻，利用身体的自然反应，攻击对手的所有弱点，以及利用任何随手可得的武器等。

（一）格斗的训练阶段

1. 基本理论学习阶段

以色列特种部队格斗训练的第一课是人体解剖学，生理学、运动生物力学等学科。通过了解人体构造，熟悉人体的生理构造和致命弱点，从而通过准确无误的一击，制敌于死地。在进行格斗术的理论教学时，更是受到了创伤科医生、神经学专家以及运动创伤治疗专家的专业协助。如击打下颌时用手底掌就比拳击更为有效，因为用拳猛击可能会使自己手指受伤，而用手掌打击时就较为容易。再如用手刀猛砍敌人颈后，则能造成脑震荡或颈部折断，甚至立即毙命。

2. 格斗技法学习阶段

这一阶段的训练使特种兵知道：怎样瞄准敌人身体上的要害部位，他自己身体的哪个部位可以用作武器，特别是士兵能够运用自如的身体武器。这类武器中，包括有如拳法、掌指法、腿法、肘法、膝法、头部撞击技术等。士兵要学会如何用自己的身体武器，给敌人以最大的打击。

训练时首先让士兵采用应对姿势站立，身体放松，调动全身力量，练习各种打击动作。打沙袋训练时，通过髋部转动完成击打，发挥全身最大力量。使用橡胶模型练习手指的戳击技术。还可以选择与戴着安全护目镜的伙伴配合练习。也可以击打固定靶垫或移动靶垫练习。训练时不要忘记始终保持移动。

3. 综合技能练习阶段

实战训练包括进行防御肢体武器攻击的训练，摔法、反关节技术、头部的锁定与掐室、擒拿与反擒拿、捆绑和押解等技术的综合训练，培养特种兵实战能力，培养良好的作战意识。

进行防御肢体武器攻击的训练时，陪练先以慢速度攻击。陪练的目的是要在控制你的基础上对你发起攻击，而你的训练目的则是在防守后运用手法攻击对方的身体。你必须学会寻找适当的时机运用你的技巧迫使对方失去平衡或者使对方攻击失效。

缠斗训练时对手抓住你的肢体，你迅速解脱，然后进行反击。你必须设法利用对手的动量及其瞬间的推拉动作，而推开其手或使用其他可以脱离对手控制的方法。自卫挣脱的重要组成部分，就是如果可能的话，防卫者始终把格斗目际定在把对手锁定或把他摔倒在地。

进行头部锁定与掐窒的训练时，先找一个陪练，练习从前方、后方、侧面接近陪练，实施头部锁定与掐窒。练习在扼颈时从后面将陪练直接放倒的技巧。

4. 模拟实战训练阶段

根据实战情形，选择室内、野外、丛林等环境，通过预先设置的各种敌情，进行遭遇战，使特种兵具有类似实战的训练经历，提高受训者的制敌水平和实际应变能力。

以色列特种部队经常在真实环境下进行训练，要求格斗训练要在困难的情况下进行。在密林、沼泽、都市、沙漠、冰天雪地等各种不同的场合进行实战化训练。训练时穿着厚重的衣服和沉重的皮靴进行。因为这种穿着在打斗时会严重地阻碍特种兵可动用的肢体武器。训练时，要让训练伙伴来真格地攻击你。而且这样的训练要在你筋疲力尽，或者是在你已经被对方锁住身体要害的情况下进行。一旦你有机会，就要立即进行反击。此种训练将帮助特种兵适应在复杂环境遭遇到真实打斗时应付各种状况。

（二）格斗的体能训练

格斗技能是身体素质的综合体现，强壮的身体是格斗中获胜的基础。以色列特种部队把格斗的体能训练作为格斗训练的重要内容之一。目的是通过体能训练促进特种兵机体器官、系统机能水平和格斗技能的提高，改善中枢神经系统的机能均衡性和灵活性，提高大脑皮质的分析、综合能力，使人体适应力、快速反应能力和抗击打能力不断增强。通过体能训练还能改善人体的形态结构，增强人体器官的生理功能，调节人的心理状态。

全面的格斗体能训练是特种兵完成各种任务的重要保证。为提高单兵战斗能力，以色列特种部队对士兵体能训练的要求更是超出一般人的承受能力，不仅安排时间长、内容多，而且在训练强度方面要求士兵必须在极限的状态下完成训练。例如以军樱桃突击队员每天必须完成20公里的急行军、在规定的时间内完成多次穿越障碍训练、进行5组器械训练，还要进行摔打皮质沙人1000次等。一天训练下来，就算是久经磨砺的樱桃突击队老队员，也会感到筋疲力尽。

为了锻炼特种兵超人的体能和意志，以色列特种部队的训练始终遵循"为战而练"的原则，重视以实战为背景的模拟训练。原101特种部队组建后，沙龙和自己的副手在一条长达1公里障碍场内，就设置了河流、沼泽、铁丝网、雷区、高墙、低墙、桥梁、悬崖等各种障碍。为了使战场上可能遇到的障碍物和险境更加逼真，沙龙甚至命令自己的副手，营造了几乎可以以假乱真的训练场景，他们甚至在不同地点摆上了模拟尸体。在训练强度方面，特种兵每天要多次地通过这个设置不断变换的障碍训练场。以色列特种部队的训练场不仅是单纯模仿战场，而是变训练场为未来新的作战样式的试验场，从而实现"平时怎么练，仗就怎么打"的目标，把训练与作战最大限度地与实战紧密结合。通过这种特殊环境的体能训练，使得他们承受到常人难以承受的挑战，从而有效地锻炼和提高体能、智能、技能。

（三）格斗的心理训练

1. 心理训练的意义

以色列特种部队非常重视队员的心理训练，为了保证每个在国外执行任务的队员都能够有足够的毅力来应付艰苦环境和惨烈的战斗场景，常常通过思想教育和职业荣誉感教育来培养特种兵良好的心理素质和勇敢的战斗精神。以色列北部军区情报部门，还专门开设了相当于爱国主义教育的犹太复国主义教程，并组织高等院校的心理专家，给特种兵进行相应的心理学教学。这些做法，确保了每个特种兵心理和身体都过硬。

特种部队经常以小组甚至单兵形式渗透到敌方控制区执行特种作战任务，面临着远离大部队，没有支援保障的复杂战场环境，需要应对死亡的威胁、生存的压力和筋疲力尽的境地。如果没有坚忍不拔的意志和良好的心理素质，根本无法应对复杂残酷的战场环境，即使具备再精湛的技战术也难以发挥作用。如何通过心理训练使特种兵能有效控制身心的稳定，具有重要的意义。因此，以色列特种部队很重视心理素质训练，有针对性地进行心理训练已经成为以军特战部队训练体系的重要组成部分。

2. 以色列特种兵心理训练的内容

特种部队心理训练的内容广泛，包括心理基础训练、心理适应性训练、心理耐久力训练、心理承受力训练、坚强意志训练等。特种兵的心理训练方法也是五花八门，本文着重介绍能促进特种兵格斗能力的自我心理暗示训练。

在徒手格斗中，士兵所拥有的最具杀伤力的武器，就是他的大脑。灵活的思维，在严酷的身心压力下毫无恐惧、慌张的反应能力是胜败的关键。格斗训练不仅仅是学会打斗的方法，更重要的是增强练习者的精神力量。而这些精神力量在对付非法暴力攻击时可以使你更有效地与敌人打斗并将其制服。士兵必须要开发自己的头脑。他必须毫无恐慌地于一瞬间作出反应，从而在格斗中挥洒自如。如果防卫者做不到这些，实战搏击时就六神无主，惊慌失措，使自己肌肉僵硬，那么，无论他的功夫如何高超也难以发挥出来，在实战中只有挨揍。

3. 自我心理暗示训练方法

（1）估计需要

换句话说就是要更好地认识自我，你要衡量自己的强项和性格弱点，包括对付敌人时的恐惧心理——心理及精神上的障碍会让你在面临真实的格斗时惊慌失措。因此，想要在格斗中打败敌人，就必须想办法消除这些弱点。如果通过自我分析发现了某些弱点，那么就试着去克服。例如，如果你非常害怕刀，就可以通过研习有刀的格斗向自己挑战，以便克服恐惧，更好地准备应付刀的袭击。

（2）放松训练

通过调整呼吸而放松身体的压力，从而使神经和肌肉放松下来。身体的放松有利于增强人的反应能力和动作变换能力。训练时端坐在椅子上或地上，手掌放在腿上眼微闭，全身放松。接着全身再一次放松，具体的方法是，先把精神集中于脚趾，想"脚趾不用力气，完全放松了"。再接着，把精神集中于脚踝，想"脚腕也不用力气，完全放松了"。然后，再由腿到腰，到胸，到肩，到颈，到头，依次放松。

（3）假想训练

所谓假想训练，就是在头脑中想象如何在现实打斗中运用格斗技巧。特种部队的队员时时刻刻都在发挥自己的想象力，研究表明那些能够进行合理想象的学员，即使不再学习其他类型的打斗术，与那些只进行肢体训练的学员相比同样可以获得提高，有的甚至比他们提高得更多。日本传奇剑客宫本武藏运用假想作为自己格斗前思想准备的核心，他回想自己过去打败敌人的场面，想象自己将来可能遇到的打斗。他说："这种想象就是要克服时间的障碍，因而在效果上把将来的情况搬到现在，而现在的情况是可以对付的。"

设计这个练习的目的是要完成两件事情。第一，让队员在精神上训练以后可能用得上的打斗技术，尤其是防御和逃跑的技术。第二，是专门训练与假想敌进行实战。训练时放松肢体，全神贯注，反复设想在各种情况下的徒手对搏，假想训练时尽可能调动意念动力，要逐个细节地想象他击败敌人的过程，为实战打下坚实的根基，从而增强受训者的自信心和打败敌人的决心。

假想训练要想得十分生动、形象，犹如身临其境，历历在目。必须把颜色、噪音、表情、自己体内的冲动、疼痛等细节都一一想象出来。想象过程中还应该进行思想分析，排除思想疼痛，探索所有的可能性，考虑问题的可能解决途径，并用可能的情况向自己挑战。每次训练时，都尽量努力加入一些具有创造性的内容。比如，设想你利用场地上像石头、棍棒等伸手可及的武器打击敌人，想象训练能提高练习者的打斗能力，但这可不是说就应该以想象训练代替身体上的训练，而是要将其作为强有力的辅助手段加以利用。

（4）正视危险

虽然自信心是自卫者的重要特质，但过分自信却容易招致危险。一个身体强壮、技艺高超的士兵却从来不轻视一名未曾受过正规训练的对手。尽管有些对手从未训练过打斗技术，但是他们的凶狠和残忍可以弥补技巧上的缺陷。受训队员都会被训练得避免自负，时刻提醒自己面临的潜在危险及遭受失败的后果。

另外，必须在心理上接受受伤的可能性。近身格斗时，砍伤、擦伤、挫伤、骨折和刺伤都是正常的，士兵必须对此引起的后果有所认识，不要因此而分心。一旦受伤，士兵应该把疼痛抛在一边，要尽力使受伤的次数和程度降至最低。

士兵要牢记这些教导：在与敌人格斗中，是以躯体、信念甚至生命为赌注的。其残酷性要求你放弃一切华而不实的技术。格斗讲究简练直接、快速迅猛。无论是拳法、腿法、肘法、膝法都以经济实用为主要目标。格斗时要以最快能出击、最短的距离、最简捷的动作、最直接的方式猛攻敌人。特种兵格斗的时候，所出示的动作不能浪费时间。士兵时刻都应该设法将最准确的拳脚打到最近、明显的目标上。

不过如果敌人非常强大，自己难以取胜时，就要果断退出打斗。生存是根本，尊严与生命相比不值一提。

（5）消除恐惧

如何才能消除恐惧？格斗专家认为关键就在于搏杀时，把自己置之死地而后生，也就是说，你的每一次攻击都力争对敌人造成最大的伤害。在平时训练中，要把一种必胜的信念贯注于头脑。在完成动作最后几组时，要求自己"再全力做几次""再全力做几组"绝不拖延训练计划。经过艰苦的训练，赋予士兵一个具有绝对优势的思维，就会对自己搏击能力的高度自信。士兵要训练自己的潜意识，通过调节自我压力，建立自信心，培养对危机和恐惧的承受能力，达到控制情绪的目的。最后，如果训练成功，不管对手是谁，他的技艺如何，你都会无所畏惧。而且，这种大无畏的态度还会变成一种习惯，植根于内心深处。记住，日常你是怎样训练的，格斗时你就会有怎样的表现。

（6）冷酷无情

战场格斗的最重要原则——不要对敌人抱任何怜悯之心。搏杀时，每个训练有素的斗士从不把敌人的面孔看成一张人的面孔。他们应该学会，看到的只是一个靶子。当处于需要徒手与敌人相对进行格斗的场合，他们要学会自己看见的乃是一整套可视的、人体形的、靶心点的集合物。战斗场合，要冷酷无情，在与敌人格斗时，切不可让感伤情绪进入自己思想。同情敌人，最后必定伤害到自己。攻击敌人时，要保持猛虎下山，撕碎一切的"兽性"般的心态，下手要狠，毫不留情，这并不是说士兵的思想境界就等于同凶残的恐怖分子，因为在战场上你不杀他，他便杀你，这是生死格斗的残酷铁律。即使士兵的技艺比敌人高出一筹，也尽量不要将敌人擒获。对于一名手中没有武器的士兵而言，一个俘虏就是一个累赘，也是个危险的隐患。不具这种杀手本能，即使熟练世界上所有的技术都是没有价值的。

第二部分

擒拿与解脱技法

一、擒拿控制技术

1
对头颈部的擒拿控制与降服

抓扯头发

双手掐窒脖颈

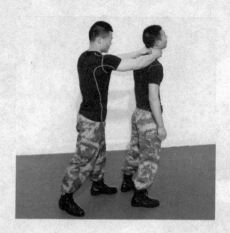

抠耳掐喉

拇指螺丝

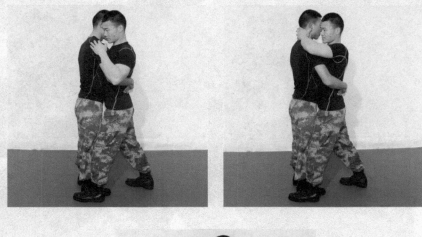

扳颌戳腮

圈扼脖颈

裸绞

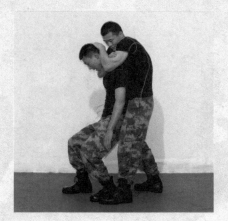

断头台

扣压脖颈

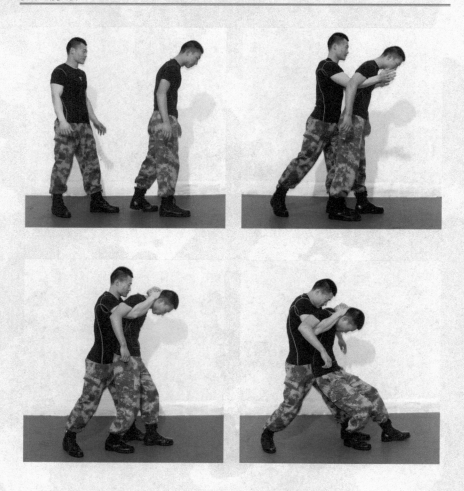

2
对上肢的擒拿控制与降服

撅折大拇指

撅折食指

旋拧食指

拧撅食指

撅拧小拇指

推撅手腕

扣撅手腕

抱撅手腕

折腕别臂

折腕锁臂

背折提臂

3 对下肢的擒拿控制与降服

抱摔锁膝

推摔锁踝

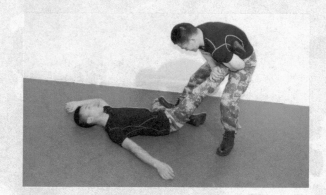

4

骑乘十字固

地面擒拿控制与降服

骑乘腕缄

下位十字固

下位手臂三角绞

下位腿部三角绞

下位断头台

下位撅腿

下位掐窒

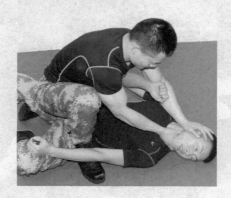

侧位上腕缄

侧位下腕缄

侧位抱肘折腕

坐姿背后裸绞

坐姿背后扼绞

仰卧背后裸绞

趴伏背后裸绞

扳头撅颈

骑乘撅肩

骑乘撅指

防拳推颌反击拧摔与绞颈

防拳推颌反击拖摔与撅颈

格架拧臂捶颈反击

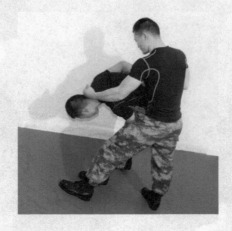

外格缠肘反击带摔与压肩

二、擒拿解脱降服技术

1　抵御抓扯头发的擒拿解脱与降服

扣手撅腕踢头弹裆或折腕压肩

阻膝撩裆连续攻击

绊脚顶肘

砍臂击头

拨臂撩裆，连续攻击

2 抵御掐窒脖颈的擒拿解脱与降服

抠按耳根，插击咽喉

敲臂击面或揽颈推鼻

掰腕推颌

沉肘压臂正反扫肘或砍颈

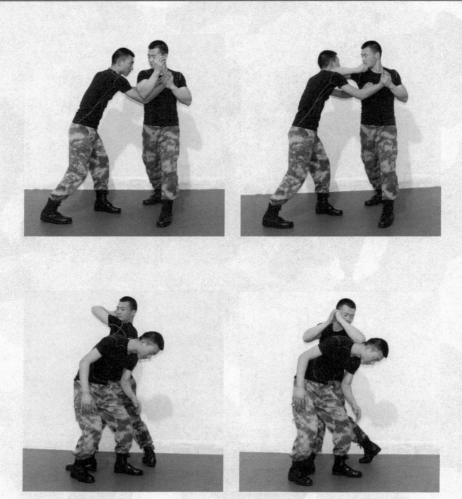

掰腕踢裆，撞腹捶脑

砸肘击面，顶胸踹膝

拉腕挑肘，撅指踢头

撩裆扫或挑肘转身撅腕

转身压腕击面顶胸或压颈别臂

撩裆推颌，转身砍颈

攥指翻身退步，拖摔踩头

肘击胸腹，捶击裆部

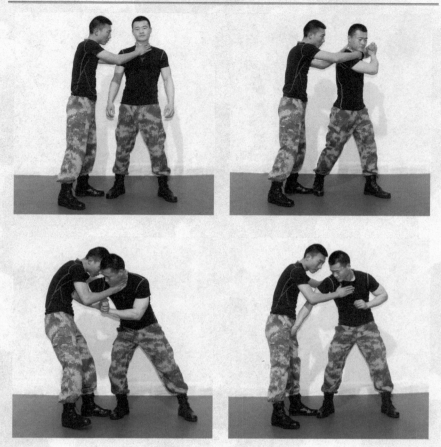

拉腕拍裆压肘连续击头

转身扣手，压腕踢裆

击档推鼻，夹腕锁臂

过腰夹摔，擒臂跺踩

3 扳脸撩裆，攻击头部

抵御圈扼脖颈的擒拿解脱与降服

揽腰撩裆，侧滚带摔击面

勾腿绊摔，翻身攻击

击裆抓发，抄腿投摔

揪耳抄腿，舍身别摔

插眼搬腕，拧臂抓发拖摔

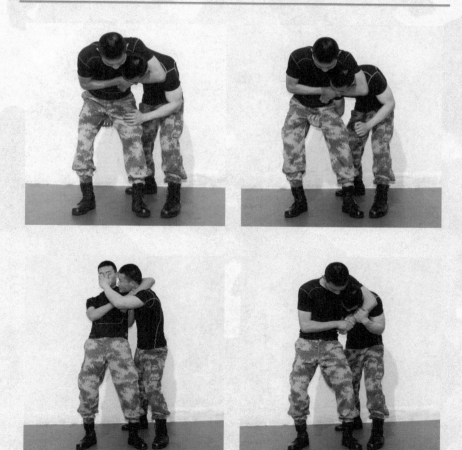

过腰背摔，抵腰踩头

转体抱摔捶裆或推撞头

舍身跌摔，推鼻夹锁

掴面掰腕，拧臂弹裆

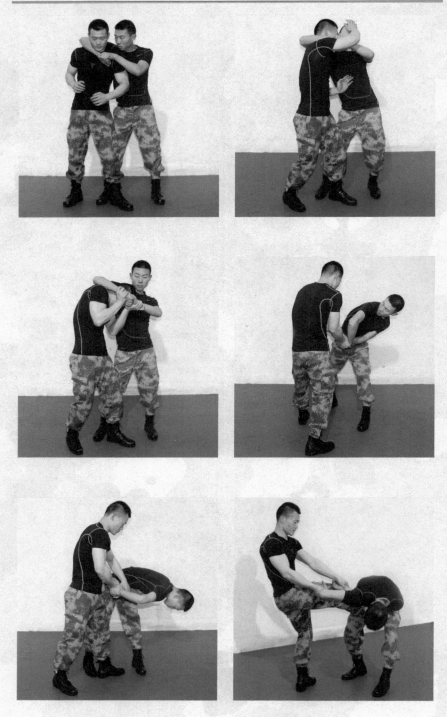

顶肘绊摔，击胸捶裆

拧臂顶膝，压摔撅腕

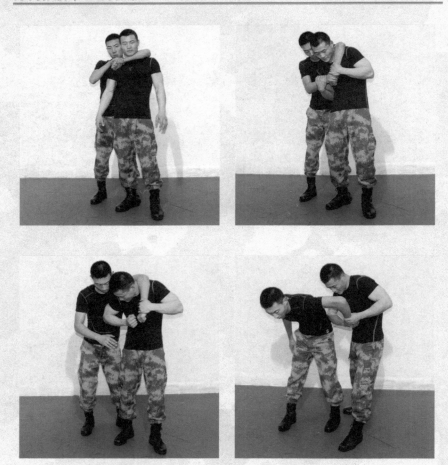

扳臂过背摔

撩裆扛臂，转身冲膝

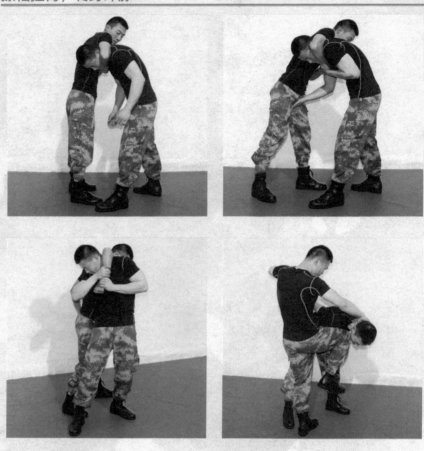

拍击撩裆，圈颈戳眼

击裆圈颈，勾摔击头

圈颈顶裆，跌摔栽头

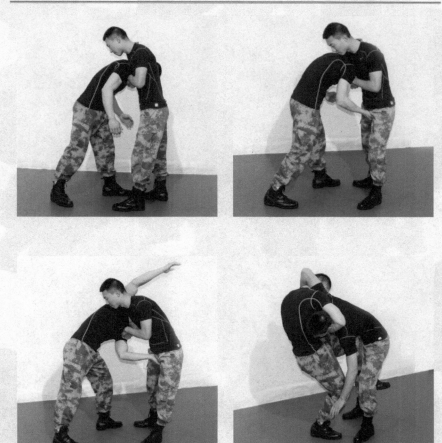

夹臂过背摔

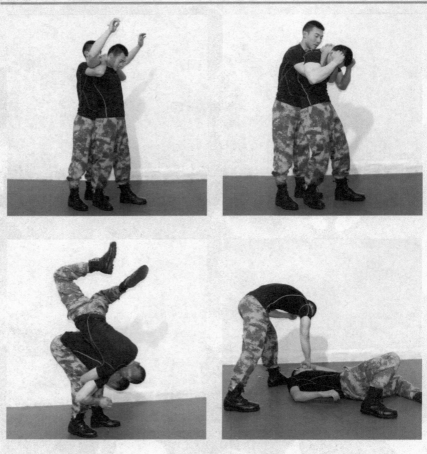

戳眼掰指，转身肘击

勾踢靠绊，顶胸捶裆

压臂跺脚，扬头扫肘

抬臂缩肩，下潜后蹬

4
抵御抓扯手臂的擒拿解脱与降服

屈臂压肘，撬指戳眼

摆臂翻腕

踹膝撤步，屈肘解脱

退步屈肘，压臂撞肘

屈肘砍腕，进步摆肘

转身横臂，撬指肘击

扣腕摆肘解脱

沉肘立臂，翻腕戳眼

踢腿砍腕，摆掌戳眼

抵膝踹腿，砍颈击头

旋腕反拿，踢踩头部

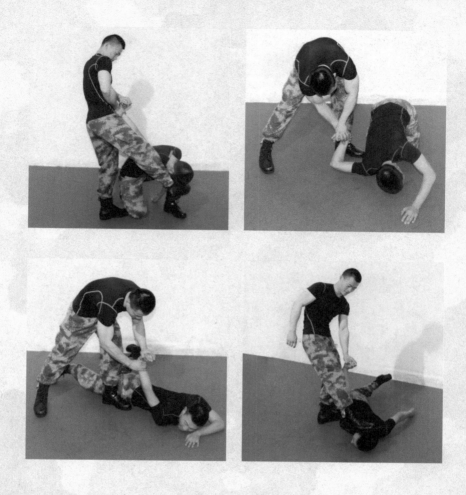

撩抓踢击解脱

转身屈肘，撬腕击头

撅指压肘解脱

内掏扳拳屈肘撬臂

肘击内扳，撬臂砍颈

外扳翻腕前扫肘

搬腕横肘，直拳反击

架腕拧臂，反拿踩头

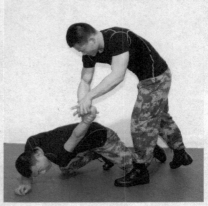

扳肘别臂，压颈撞腹

撤步转身，防拧肘击

侧身顶击，挑肘戳眼

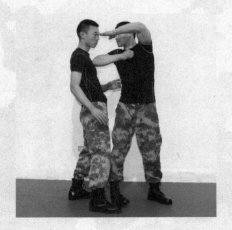

侧身倒地，勾绊踹膝

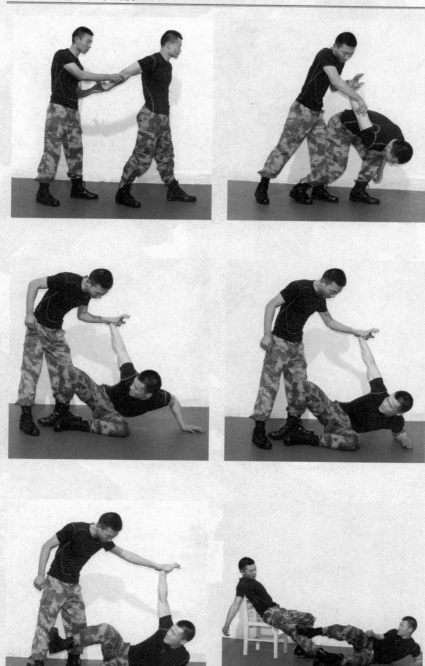

下坐蹬裆，分腿绊踢

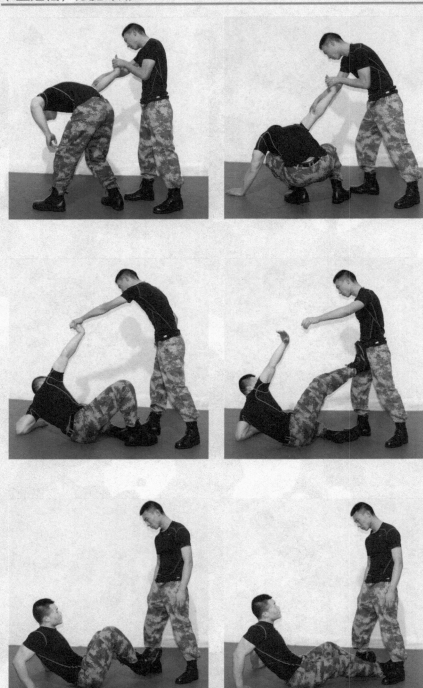

侧身倒地剪刀腿

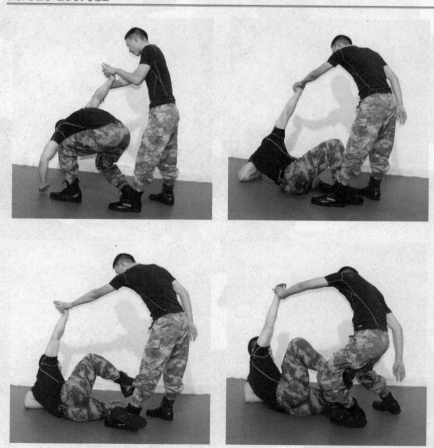

外摆双勾，横击肘

横臂外摆，缠掌撞面

旋肘挑掌，双风贯耳

头撞顶膝，按摔砸颈

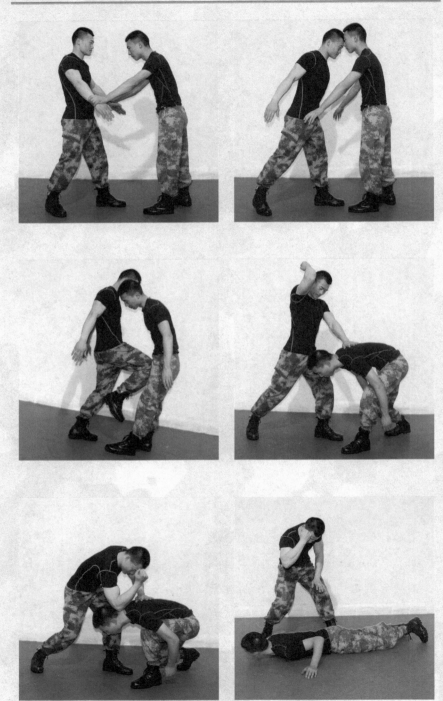

单臂平屈，扫肘击头

抓腕横臂，翻掌戳眼

切腕屈肘，掰头摔摔

转身平屈，翻掌扫肘

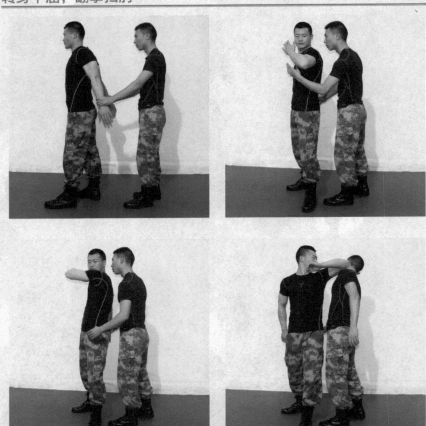

摆沉抬臂，转身摆肘

后绊抱腿掬投摔

撤步击裆，抄腿掮投

5 抵御抓扯胸襟的擒拿解脱与降服

抓发卡鼻拧头摔

退步砸臂，拖摔撞头

掰撅拇指

拉腕扫肘挂腿摔

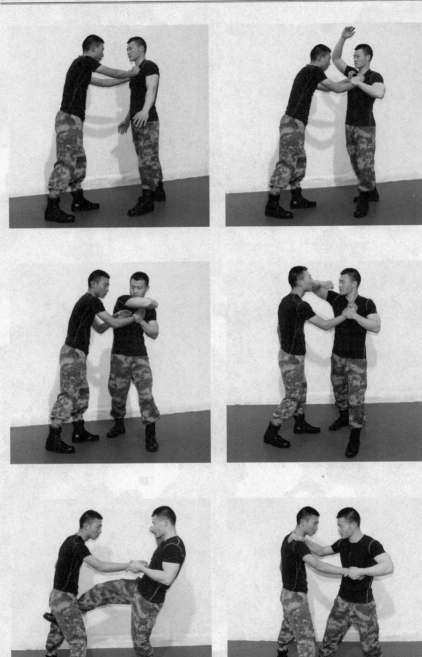

摆拳踢裆，旋腕拿臂

扣肘冲膝，拖摔踩头

扳肘抠颌，踩腿撂摔

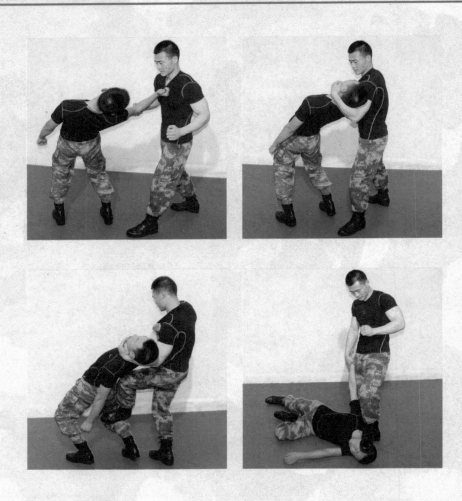

击裆锁臂反压摔

扣腕弹裆，拿腕撅指

挥臂夹腕，别肘挑肩

挥臂缠腕，扳肘压摔

推面顶胸拉拧或扛颈

拉腕戳眼，缠肘扳颌

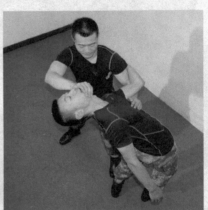

6

抵御抓扯肩背的擒拿解脱与降服

转身扫肘弹裆

挑肘撩踢

转身摆臂，夹腕击头

转身横格，担肘击肋

后靠捣肘

撩裆扫肘

7　抵御熊抱的擒拿解脱与降服

推髋顶膝或踢裆

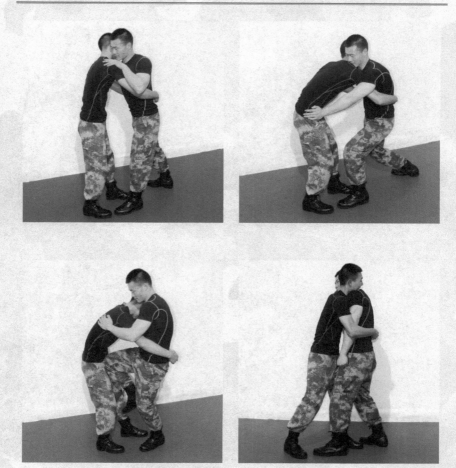

抓发托颌拧头摔或夹脸抠眼

压背砸颈

扯发击面

撩裆顶腹

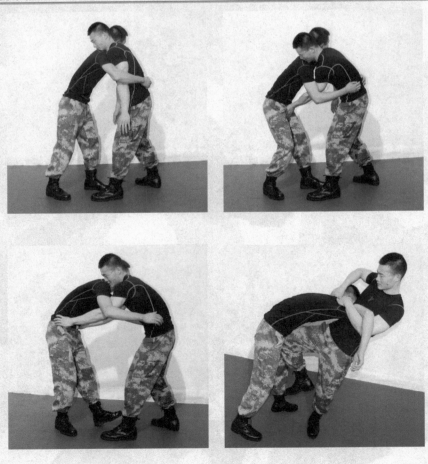

悬空飞膝，扳颈击裆

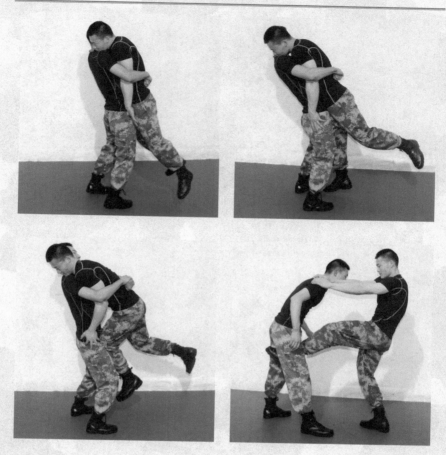

卡鼻扯发，锁喉拧头

 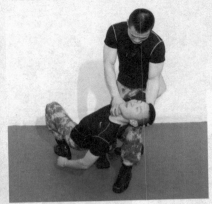

推鼻扳脸，拧头推摔

旋指掐颈

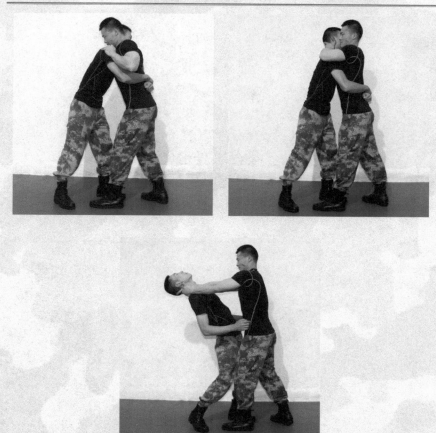

砍腰击肾

撩裆夹脸，卡鼻推摔

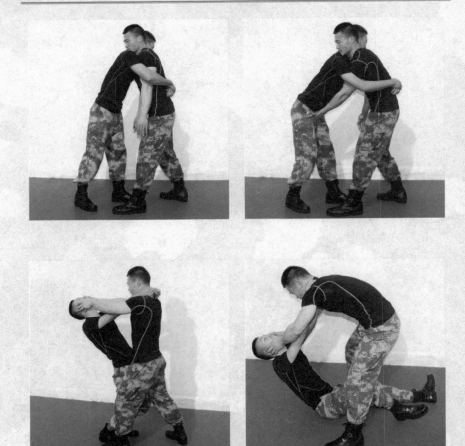

顶裆夹背过腰摔

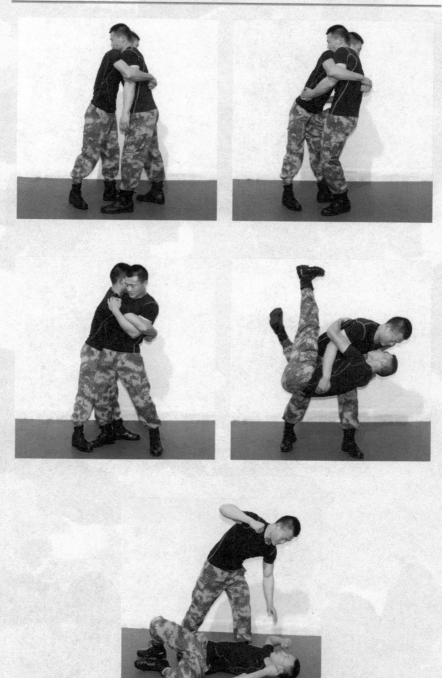

仰头击面

左右扫肘，转身顶裆

跺脚击头

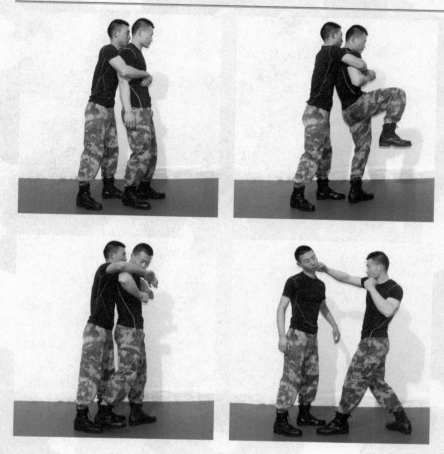

凿手磕面，转身击头

撩踢击头或磕腿撩踢

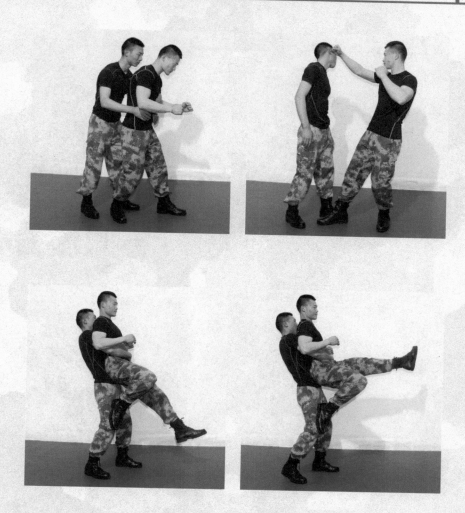

悬空勾腿，坐身撩裆

扫肘跺脚，撅指弹裆

撩裆捣肘，后撩踢裆或踩脚扫肘

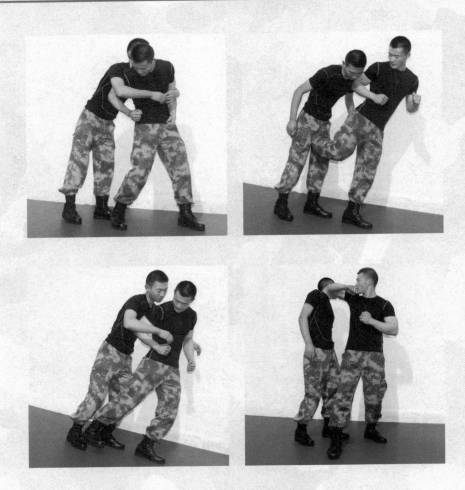

跺脚磕踢，勾颈戳眼

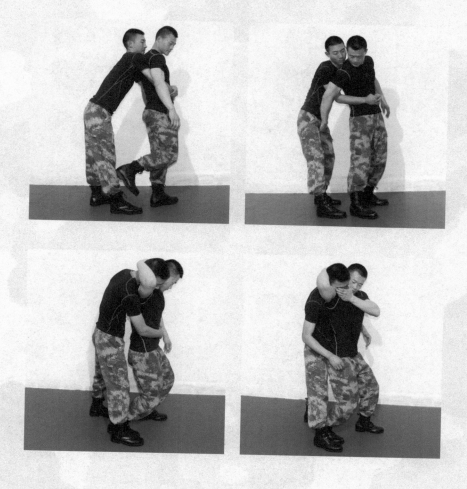

凿手攥指，拖摔撞膝

抄腿跌摔，别提降服

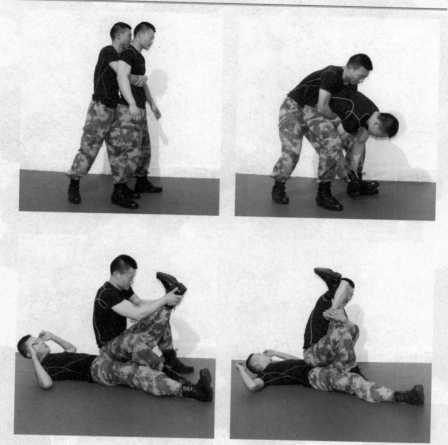

扳头卡颌，过背投摔

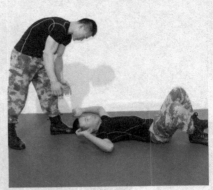

撤步抄腿，抱起掬摔

躬身背托，扳腿仰摔

别腿侧身外卷摔